maçã

omena

pera

päärynä

laranja

appelsiini

limão

sitruuna

uvas

viinirypäleet

morango

mansikka

melancia

vesimeloni

coco

kookospähkinä

banana

banaani

framboesa

vadelma

quivi

kiivi

cereja

kirsikka

mirtilo

mùstikka

ameixa

luumu

pêssego

persikka

figo

viikuna

ananás

ananas

manga

mango

dióspiro

persimoni

couve-flor

kukkakaali

curgete

kesäkurpitsa

beringela

munakoiso

cenoura

porkkana

batata

peruna

couve

kaali

tomate

tomaatti

espinafre

pinaatti

brócolos

parsakaali

ervilhas

herneet

abóbora

kurpitsa

abóbora-menina

myskikurpitsa

abacate

avokado

alcachofra

artisokka

cogumelo

sieni

rabanete

retiisi

alho

valkosipuli

cebola

sipuli

beterraba

punajuuri

alho-francês

purjo

pimento

paprika

pimenta-malagueta

chili

espargos

**parsa

www.ingramcontent.com/pod-product-compliance
Lightning Source LLC
Chambersburg PA
CBHW042051110726
48006CB00002B/364